Impressum
Verlag: BABADADA GmbH, Nedderfeld 112 , 22529 Hamburg
Geschäftsführer / Verlagsleitung: Harald Hof
Druck: Books on Demand GmbH, In de Tarpen 42, 22848 Norderstedt

Imprint
Publisher: BABADADA GmbH, Nedderfeld 112 , 22529 Hamburg, Germany
Managing Director / Publishing direction: Harald Hof
Print: Books on Demand GmbH, In de Tarpen 42, 22848 Norderstedt, Germany

škola
المدرسة

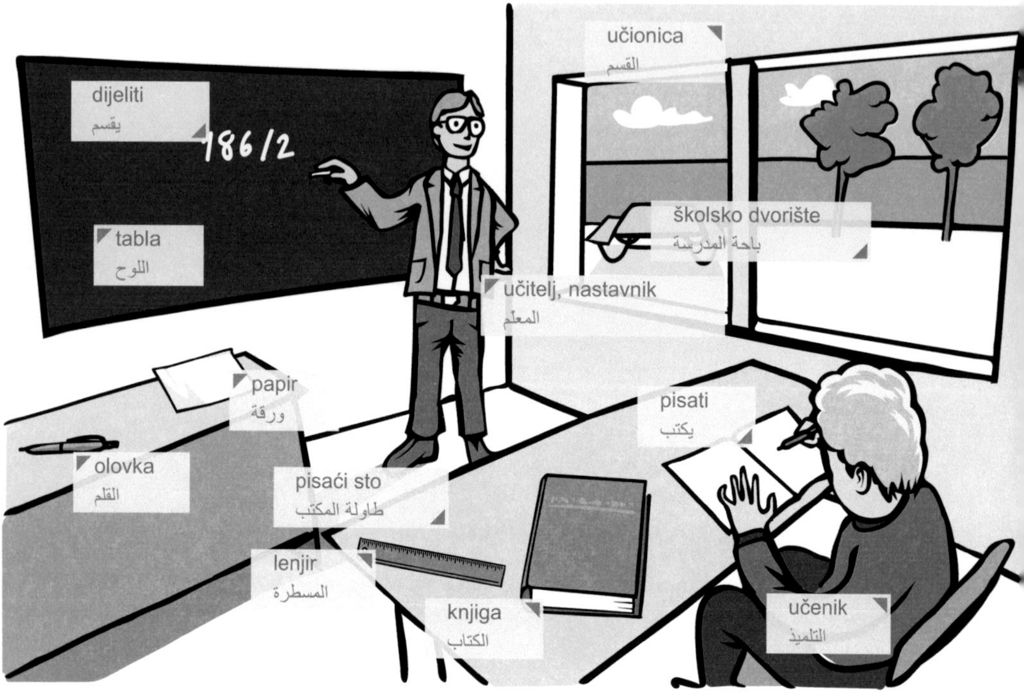

učionica
القسم
dijeliti
يقسم
186/2
tabla
اللوح
školsko dvorište
باحة المدرسة
učitelj, nastavnik
المعلم
papir
ورقة
pisati
يكتب
olovka
القلم
pisaći sto
طاولة المكتب
lenjir
المسطرة
knjiga
الكتاب
učenik
التلميذ

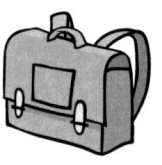

torba

الحقيبة المدرسية

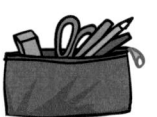

pernica

المقلمة

drvena olovka

قلم الرصاص

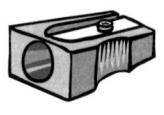

šiljalo za olovke

البرّاية

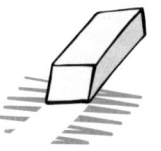

gumica

الممحاة

blok za crtanje

دفتر الرسم

crtež

الرسمة

kist

الفرشاة

kutija s bojama

علبة التلوين

makaze

المقص

ljepilo

المادة اللاصقة

vježbanka

دفتر التمارين

domaća zadaća

الواجب المدرسي

broj

الرقم

sabirati

يجمع

oduzimati

يطرح

množiti

يضرب

računati

يحسب

slovo

الحرف

abeceda

الأبجدية

riječ

كلمة

tekst

النص

čitati

يقرأ

kreda

الطبشور

sat

الحصة

školski dnevnik

دفتر الدوام المدرسي

ispit

الامتحان

svjedočanstvo

شهادة

školska uniforma

اللباس المدرسي

izobrazba

التعليم

leksikon

الموسوعة

univerzitet

الجامعة

mikroskop

المجهر

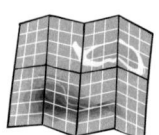

karta

الخريطة

korpa za papir

قماما

putovanje

سفر

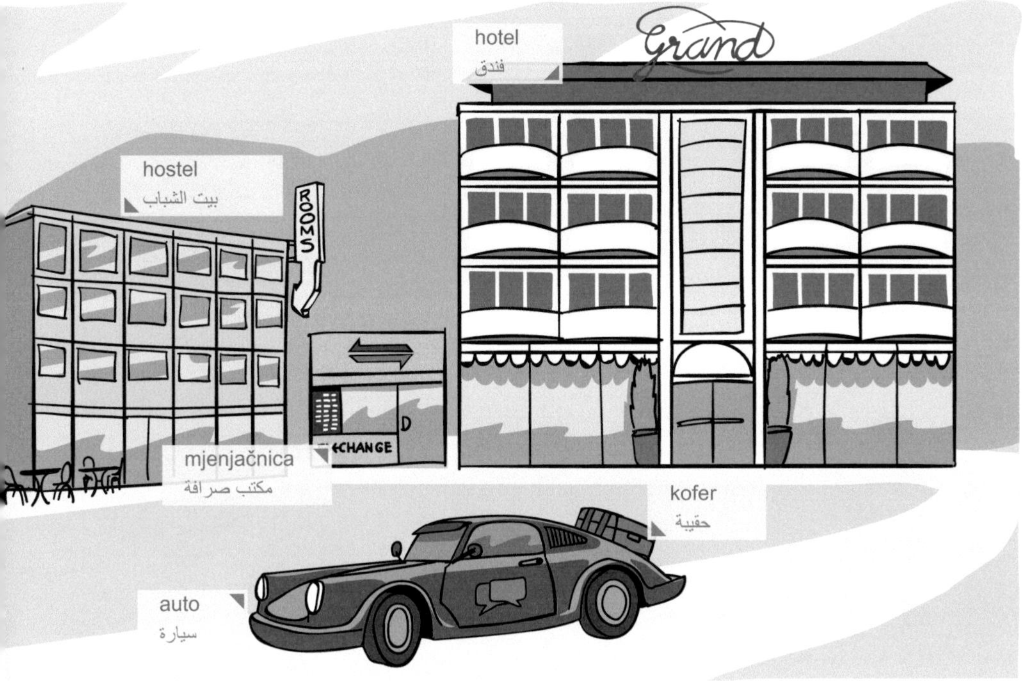

hotel
فندق
Grand
hostel
بيت الشباب
ROOMS
mjenjačnica
مكتب صرافة
kofer
حقيبة
auto
سيارة

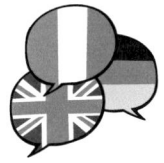

jezik

اللغة

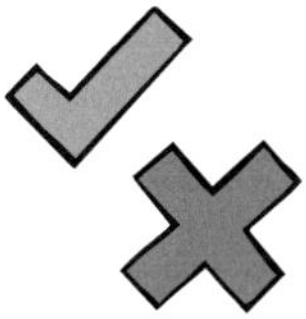

da / ne

نعم / لا

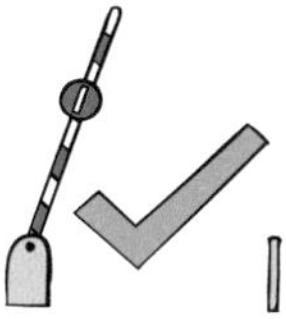

okej

حسناً

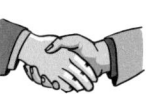

zdravo

مرحباً

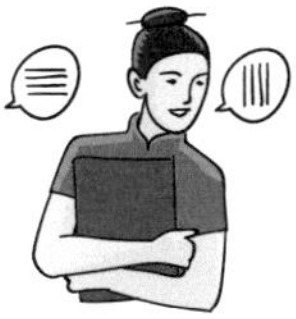

tumač

مترجم

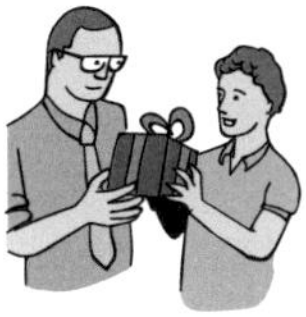

hvala

شكراً

Koliko košta...?

كم ثمن ... ؟

Ne razumijem

لا أفهم

problem

مشكلة

dobro veče!

مساء الخير

Dobro jutro!

صباح الخير!

Laku noć!

ليلة سعيدة

doviđenja

إلى اللقاء

smjer

اتجاه

prtljag

أمتعة السفر

torba

حقيبة

ruksak

حقيبة ظهر

gost

ضيف

soba

غرفة

vreća za spavanje

كيس للنوم

šator

خيمة

turističke informacije

استعلامات سياحية

plaža

شاطئ

kreditna kartica

بطاقة ائتمان

doručak

إفطار

ručak

طعام الغداء

večera

العشاء

putna karta

بطاقة سفر

lift

مصعد

poštanska markica

طابع بريدي

granica

حدود

carina

الجمارك

ambasada

سفارة

viza

تأشيرة

pasoš

جواز سفر

transport
نقل

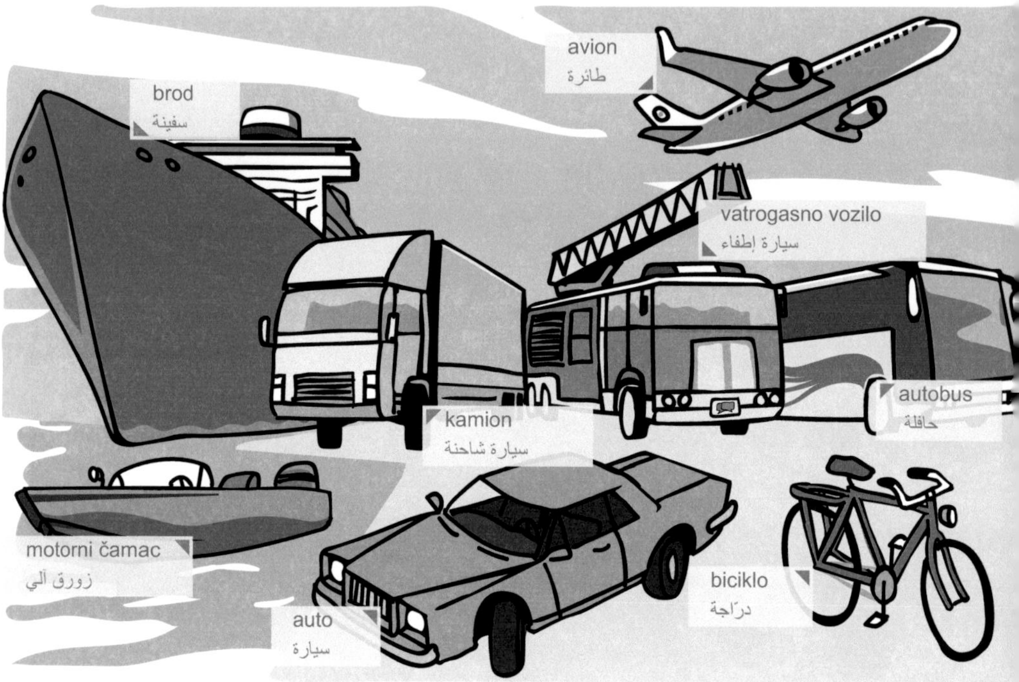

avion
طائرة
brod
سفينة
vatrogasno vozilo
سيارة إطفاء
autobus
حافلة
kamion
سيارة شاحنة
motorni čamac
زورق آلي
biciklo
درّاجة
auto
سيارة

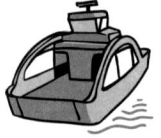

trajekt

عبارة

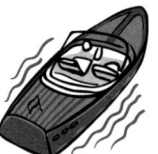

brod

قارب

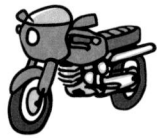

motocikl

دراجة نارية

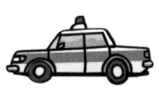

policijski automobil

سيارة شرطة

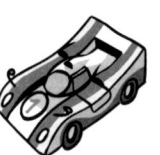

trkaći automobil

سيارة سباق

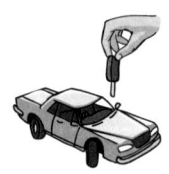

unajmljeni automobil

سيارة مستأجرة

kar-šering

أسلوب تشاركي في استئجار السيارات

pauk

سيارة للجر

smećarsko vozilo

سيارة نقل القمامة

motor

محرك

gorivo

وقود

benzinska pumpa

محطة وقود

saobraćajni znak

إشارة مرور

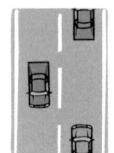

saobraćaj

حركة السير

zastoj

ازدحام سير

parking

موقف سيارات

željeznička stanica

محطة قطار

šine

سكك حديدية

voz

قطار

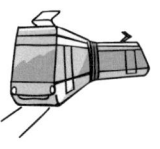

tramvaj

ترام

vagon

عربة قطار

helikopter

طائرة مروحية

aerodrom

مطار

toranj

برج

putnik

مسافر

kontejner

حاوية

karton

علبة كرتون

tačke

عربة يد

korpa

سلة

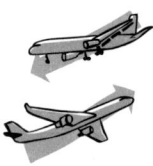

poletjeti / sletjeti

يقلع / يهبط

grad

مدينة

selo

قرية

centar grada

مركز المدينة

kuća

بيت

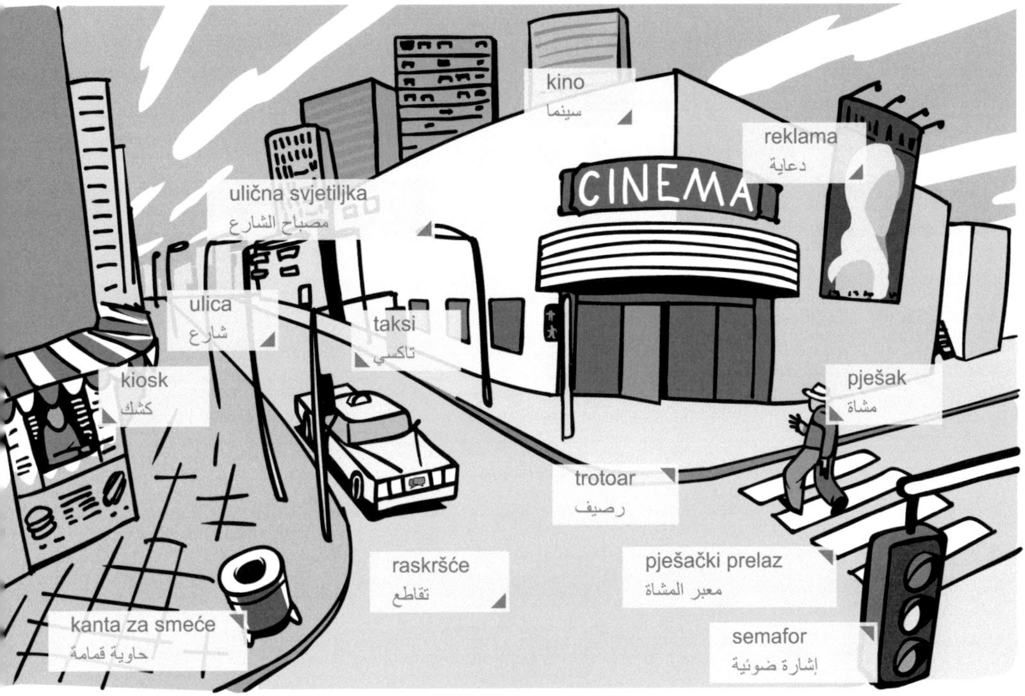

kino — سينما

reklama — دعاية

ulična svjetiljka — مصباح الشارع

ulica — شارع

taksi — تاكسي

kiosk — كشك

pješak — مشاة

trotoar — رصيف

raskršće — تقاطع

pješački prelaz — معبر المشاة

kanta za smeće — حاوية قمامة

semafor — إشارة ضوئية

koliba

كوخ

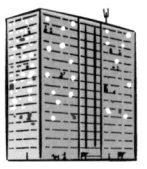

stan

شقة

željeznička stanica

محطة قطار

vijećnica

دار البلدية

muzej

متحف

škola

المدرسة

univerzitet

الجامعة

banka

مصرف

bolnica

المستشفى

hotel

فندق

apoteka

صيدلية

ured

مكتب

knjižara

مكتبة

radnja

متجر

cvjećara

محل لبيع الزهور

supermarket

سوبرماركت

pijaca

سوق

robna kuća

متجر كبير

prodavač ribe

تاجر السمك

trgovački centar

مركز تسوّق

luka

ميناء

park

حديقة عامة

klupa

مقعد

most

جسر

stepenice

درج، سلم

podzemna željeznica

مترو

tunel

نفق

autobuska stanica

موقف حافلات

bar

بار

restoran

مطعم

poštanski sandučić

صندوق البريد

saobraćajni znak

لافتة باسم الشارع

sat za naplatu parkinga

مقياس زمن الوقوف

zoološki vrt

حديقة حيوانات

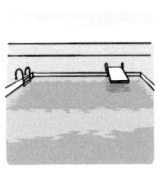

bazen

مسبح

džamija

مسجد

seosko imanje

مزرعة

zagađenje okoline

تلوث البيئة

groblje

مقبرة

crkva

كنيسة

igralište

ملعب الأطفال

hram

معبد

krajolik

طبيعة ريفية

list
ورقة

putokaz
علامة إرشاد

putokaz
طريق

livada
مرج

kamen
حجر

drvo
شجرة

putnik
رحالة

rijeka
نهر

trava
عشب

cvijet
زهرة

dolina

وادٍ

brdo

جبل

jezero

بحيرة

šuma

غابة

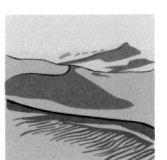

pustinja

صحراء

vulkan

بركان

dvorac

قلعة

duga

قوس قزح

gljiva

فطر

palma

نخلة

komarac

بعوض

muha

ذبّانة

mrav

نملة

pčela

نحلة

pauk

عنكبوت

buba

خنفساء

žaba

ضفدعة

vjeverica

سنجاب

jež

قنفذ

zec

أرنب

sova

بومة

ptica

عصفور

labud

بجعة

divlja svinja

خنزير برّي

jelen

غزال

los

الكة

brana

سد

vjetrenjača

دولاب الطاحونة الهوائية

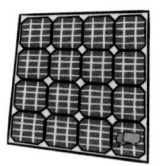

solarni modul

خلية شمسية

klima

مناخ

restoran

مطعم

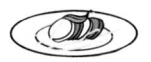

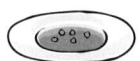

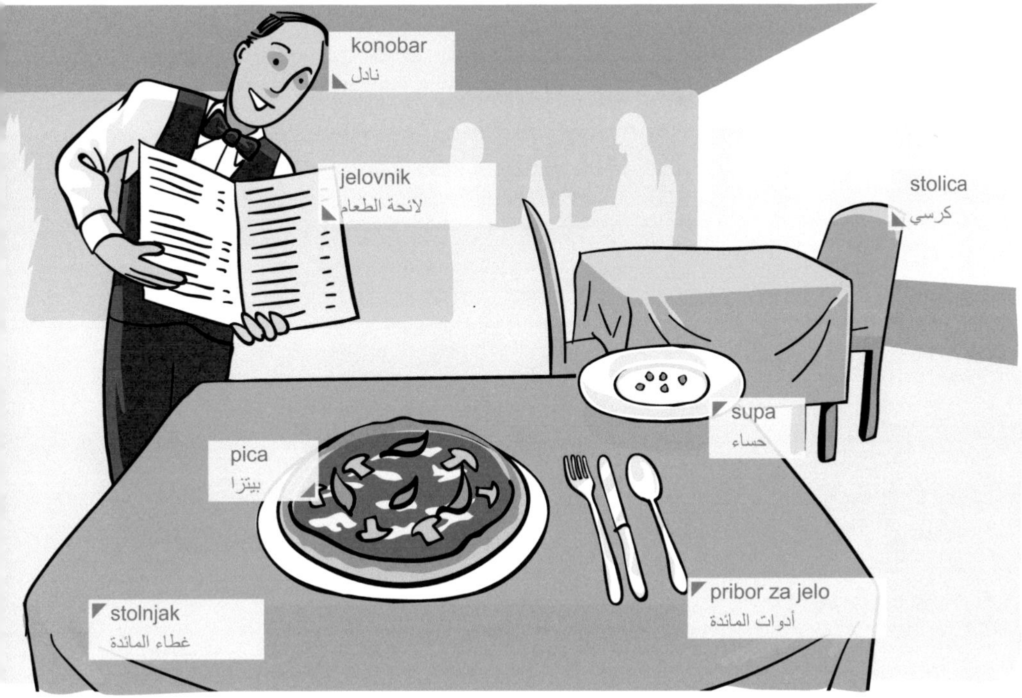
konobar
نادل
jelovnik
لائحة الطعام
stolica
كرسي
supa
حساء
pica
بيتزا
pribor za jelo
أدوات المائدة
stolnjak
غطاء المائدة

predjelo

مقبلات

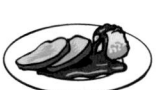

glavno jelo

الصحن الرئيسي

desert

حلوى أو فاكهة بعد الطعام

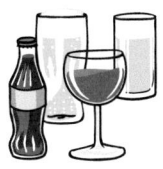

piće

مشروبات

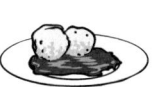

jelo

طعام

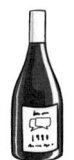

flaša

زجاجة

brza hrana

وجبات سريعة

jelo sa ulice

طعام الشارع

čajnik

إبريق الشاي

šećernica

علبة السكر

porcija

حصّة

mašina za espreso

آلة الإسبريسو

barska stolica

كرسي عالٍ

račun

فاتورة

tacna

صينية

nož

سكين

viljuška

شوكة

kašika

ملعقة

kašičica

ملعقة الشاي

salveta

منديل المائدة

čaša

كأس

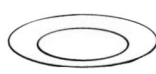

tanjir

صحن

tanjir za supu

صحن الحساء

tanjurić

صحن الفنجان

sos

صلصة

solanik

مملحة

mlin za biber

مطحنة الفلفل

sirće

خلّ

ulje

زيت الطعام

začini

توابل

kečap

كتشاب

senf

خردل

majoneza

مايونيز

supermarket

سوبرماركت

ponuda
عرض خاص
FOR
klijent
زبون
mliječni proizvodi
مشتقات الحليب
voće
فواكه
kolica za kupovinu
عربة تسوّق

BUTCHERS

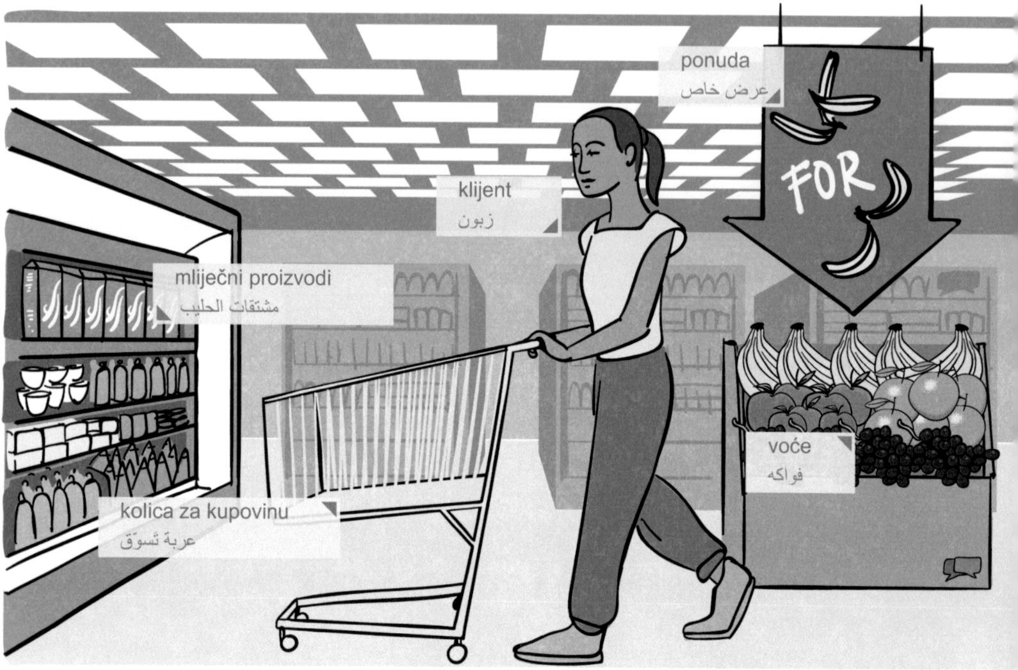

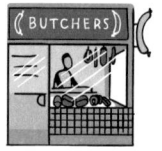

mesnica- klaonica

جزّار

BAKERY

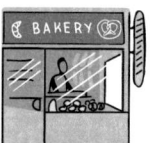

pekara

مخبز

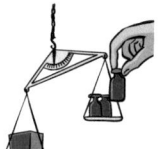

vagati

يزن

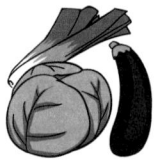

povrće

خضار

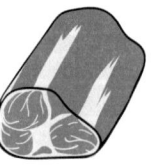

meso

لحم

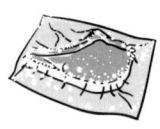

zaleđena hrana

المأكولات المجمّدة

narezak

مرتدلا او جبن

konzerve

معلّبات

prašak za veš

مسحوق الغسيل

slatkiši

حلويات

kućanski proizvodi

المواد المنزلية

sredstvo za čišćenje

منظّفات

prodavačica

بائعة

kasa

صندوق الحساب

blagajnik

أمين صندوق

lista za kupovinu

قائمة المشتريات

radno vrijeme

أوقات العمل

novčanik

محفظة النقود

kreditna kartica

بطاقة ائتمان

torba

حقيبة

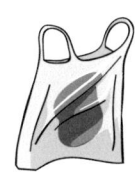

najlonska vrećica

كيس بلاستيكي

voda

ماء

sok

عصير

mlijeko

حليب

kola

كولا

vino

نبيذ

pivo

بيرة

alkohol

كحول

kakao

كاكاو

čaj

شاي

kafa

قهوة

espreso

قهوة إسبريسو

kapućino

كابوتشينو

banana

موزة

jabuka

تفاح

narandža

برتقال

lubenica

بطيخ

limun

ليمون

mrkva

جزرة

bijeli luk

ثوم

bambus

خيزران

crveni luk

بصل

gljiva

فطر

orašasti plodovi

لوزيات

pasta

شعيرية

špagete

سباغيتي

riža

أرزّ

salata

سلطة

pomfrit

بطاطا مقلية

pečeni krompir

بطاطا مقلية

pica

بيتزا

hamburger

هامبورغر

sendvič

ساندويش

šnicla

شريحة لحم مقلية

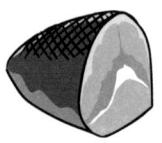

šunka

لحم خنزير

kobasica

سلامي

kobasica

سجق

kokoš

دجاج

pečenje

لحم محمر

riba

سمك

zobene pahuljice

دقيق الشوفان

muzli

موسلي

kornfleks

كورن فلكس

brašno

طحين

kroason

كرواسان

zemičke

خبز صغير

kruh

خبز

tost

خبز محمص

keksi

بسكويت

maslac

زبدة

svježi sir

لبن زبادي

kolač

كعكة

jaje

بيضة

jaje na oko

بيض مقلي

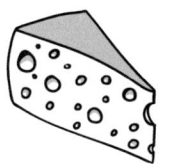

sir

جبنة

sladoled

مثلجات

šećer

سكر

med

عسل

marmelada

مربّى الفاكهة

nugat krema

كريم النوغا

kuri

الكاري

seosko imanje
مزرعة

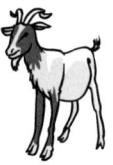

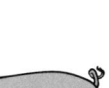

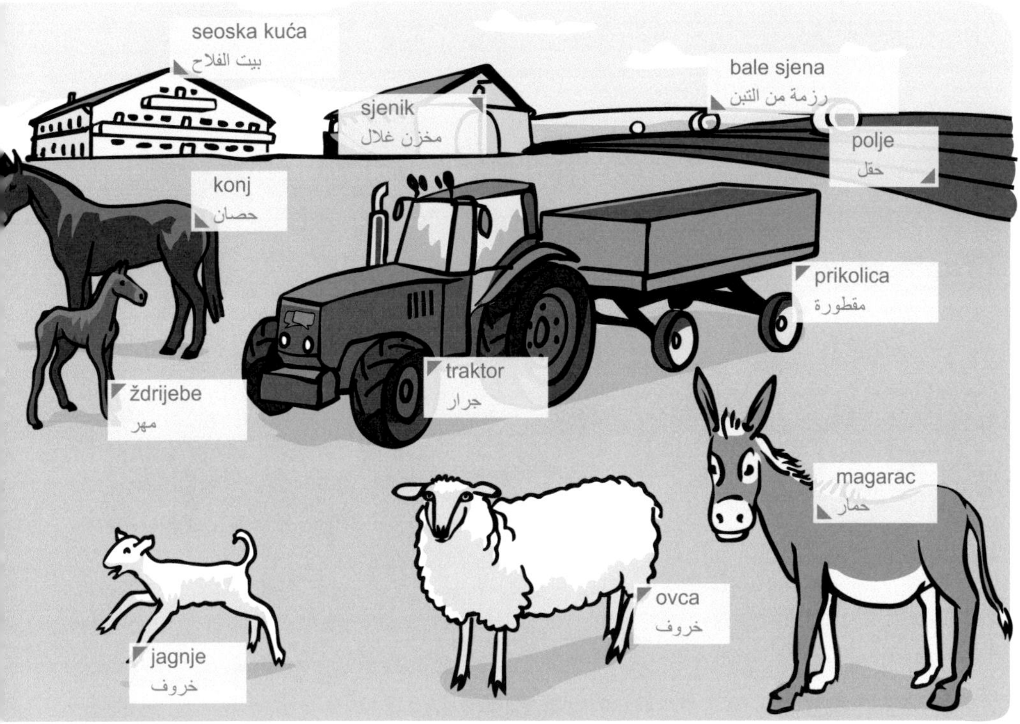

seoska kuća
بيت الفلاح
sjenik
مخزن غلال
bale sjena
رزمة من التبن
polje
حقل
konj
حصان
prikolica
مقطورة
traktor
جرار
ždrijebe
مهر
magarac
حمار
ovca
خروف
jagnje
خروف

koza

ماعز

krava

بقرة

tele

عجل

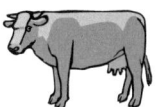

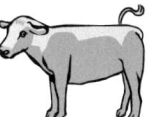

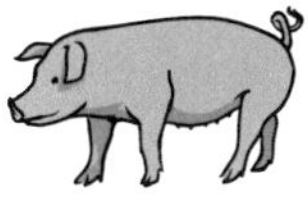

svinja

خنزير

prase

خنزير صغير

bik

ثور

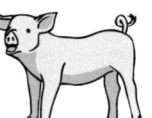

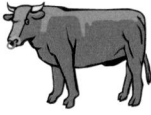

guska

إوزّة

patka

بطة

pile

صوص

kokoška

دجاجة

pjetao

ديك

pacov

جرذ

mačka

قطة

miš

فأر

vol

ثور

pas

كلب

pseća kućica

كوخ الكلب

crijevo za baštu

خرطوم الحديقة

kanta za zalijevanje

إبريق

kosa

منجل

plug

المحراث

srp

منجل

motika

معزقة

vile

مذراة الزبل

sjekira

بلطة

tačke

عربة يد

korito

معلف

bokal za mlijeko

صفيحة الحليب

vreća

كيس

ograda

سياج

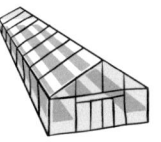

štala

اصطبل

staklenik

دفينة

tlo

تربة

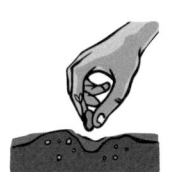

sjeme

بذور

đubrivo

سماد

kombajn

حصّادة درّاسة

kositi

يحصد

žetva

محصول

jam korijen

سام بطاطا

pšenica

قمح

soja

صويا

krompir

بطاطا

kukuruz

ذرة

uljana repica

سلجم

drvo voća

شجرة فاكهة

manioka

نبات منيهوت

žito

الحبوب

kuća
بيت

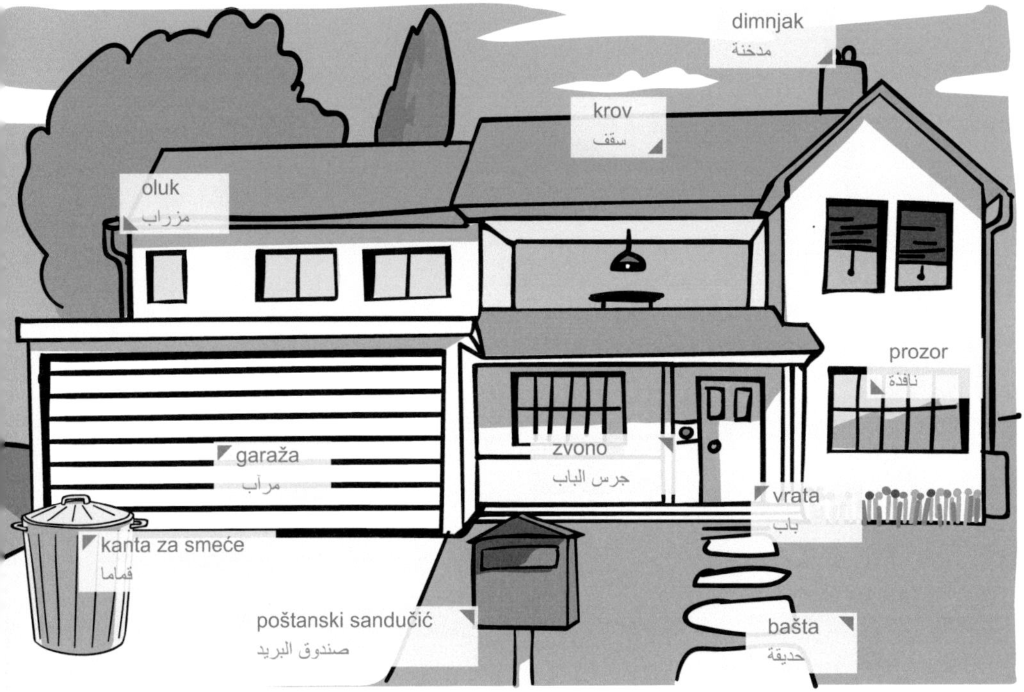
dimnjak
مدخنة
krov
سقف
oluk
مزراب
prozor
نافذة
garaža
مرآب
zvono
جرس الباب
vrata
باب
kanta za smeće
قماما
poštanski sandučić
صندوق البريد
bašta
حديقة

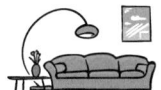

dnevni boravak

غرفة جلوس

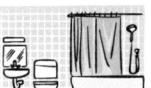

kupatilo

الحمّام

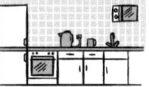

kuhinja

مطبخ

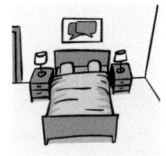

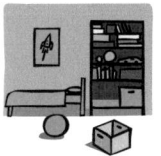

spavaća soba

غرفة النوم

dječija soba

غرفة الأطفال

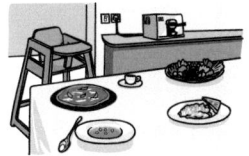

trpezarija

غرفة الطعام

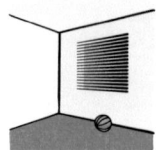

pod, tlo

أرضية

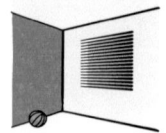

zid

حائط

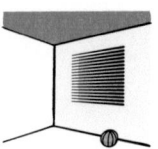

plafon

سقف

podrum

قبو

sauna

ساونا

balkon

بلكون

terasa

شرفة

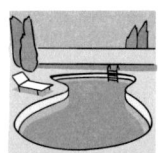

bazen

مسبح

kosilica

جزّازة العشب

posteljina

بياضات السرير

pokrivač

بطانية

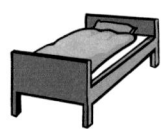

krevet

سرير

metla

مكنسة

kanta

سطل

prekidač

مفتاح كهرباني

dnevni boravak
غرفة جلوس

tapeta
ورق جدران
fotografija
صورة
lampa
مصباح كهربائي
polica
رف
ormar
خزانة
televizija
تلفزيون
dimnjak
موقد مفتوح
cvijet
زهرة
jastuk
وسادة
kauč
كنبة
vaza
مزهرية
daljinski upravljač
تحكم عن بعد

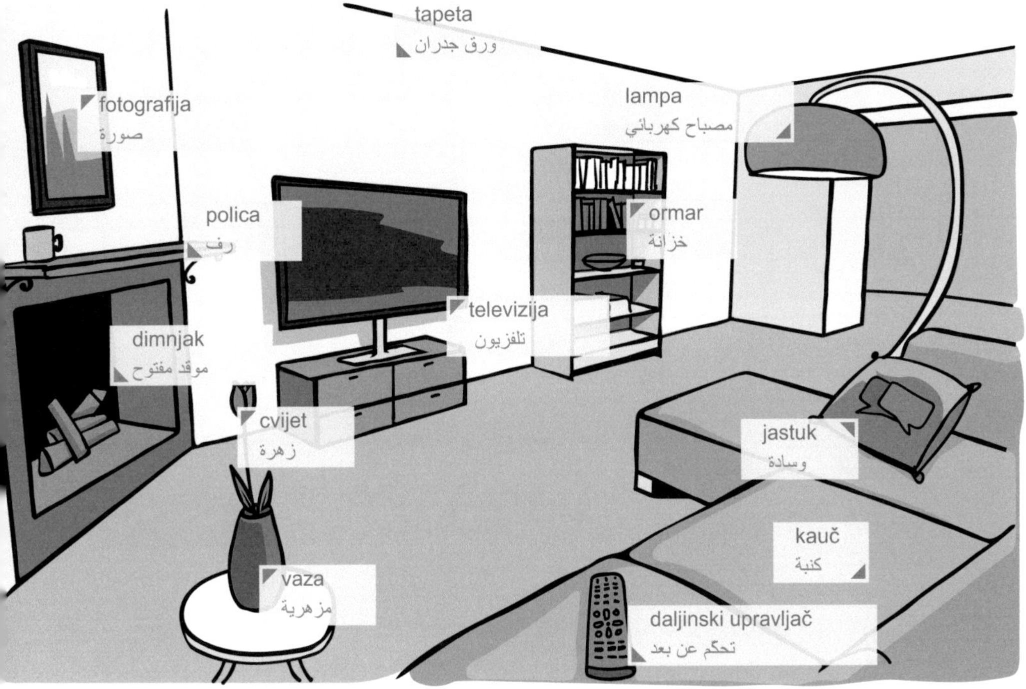

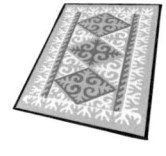

tepih
بساط

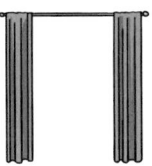

zavjesa
ستارة

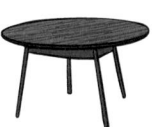

stol
طاولة

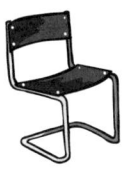

stolica
كرسي

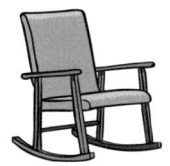

stolica za ljuljanje
كرسي هزّاز

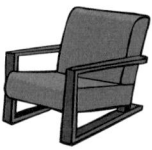

fotelja
كرسي ذو ذراعين

knjiga

الكتاب

deka

بطانية

dekoracija

زخرفة

ložno drvo

الحطب

film

فيلم

stereo uređaj

تجهيزات ستيريو

ključ

مفتاح

novine

جريدة

umjetnička slika

لوحة مرسومة

poster

مُلصق

radio

راديو

blok za bilješke

دفتر ملاحظات

usisavač

المكنسة الكهربائية

kaktus

صبّار

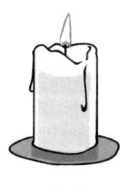

svijeća

شمعة

kuhinja
مطبخ

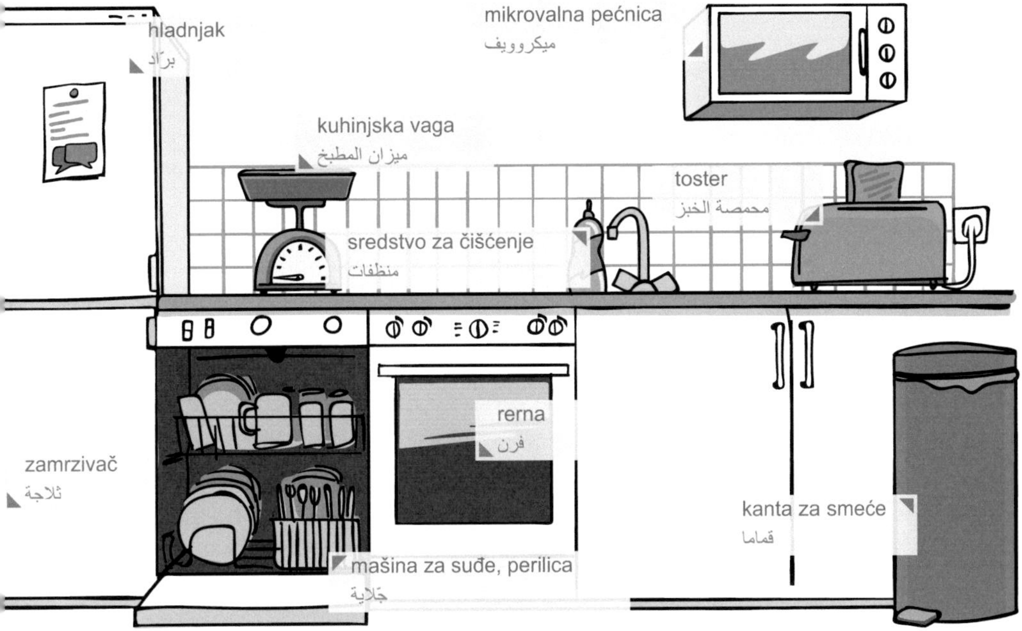

hladnjak
برّاد
mikrovalna pećnica
ميكروويف
kuhinjska vaga
ميزان المطبخ
toster
محمصة الخبز
sredstvo za čišćenje
منظفات
rerna
فرن
zamrzivač
ثلاجة
kanta za smeće
قماما
mašina za suđe, perilica
جَلاية

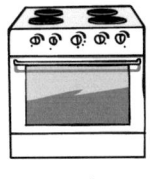

peć

موقد

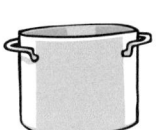

lonac

قِدر

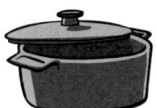

metalni lonac

وعاء من الحديد

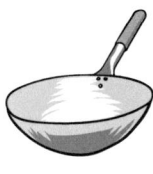

vok / kadai

قدر صيني

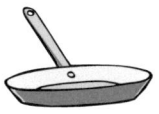

tava, tiganj

مقلاة

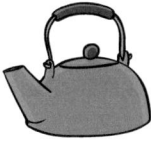

kuhalo

غلاية

aparat za kuhanje na pari

قدر البخار

lim za pečenje

صينية

posuđe

أواني

šalica

فنجان

činija

صحن

kineski štapići

عيدان الأكل

kutlača

مغرفة

lopatica

ملعقة منبسطة

metlica za snijeg bjelanjca

خفاقة

sito za kuhanje

مصفاة

sito

مصفاة

ribež

مبشرة

avan s tučkom

هاون

roštilj

شواء

ložište

موقد

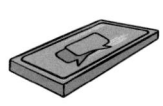

daska

لوح التقطيع

oklagija

نشابة

vadičep

مفتاح الزجاجات

konzerva

علبة

otvarač za konzerve

مفتاح العلب المعدنية

krpe za lonac

قماش الفرن

sudoper

مجلى

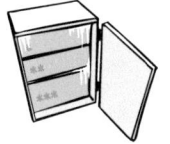

četka

فرشاة

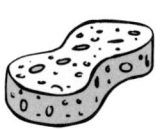

spužva

إسفنج

mikser

خلاط

zamrzivač

مجمّدة

flašica za bebu

زجاجة الطفل

slavina

صنبور الماء

kupatilo

الحمّام

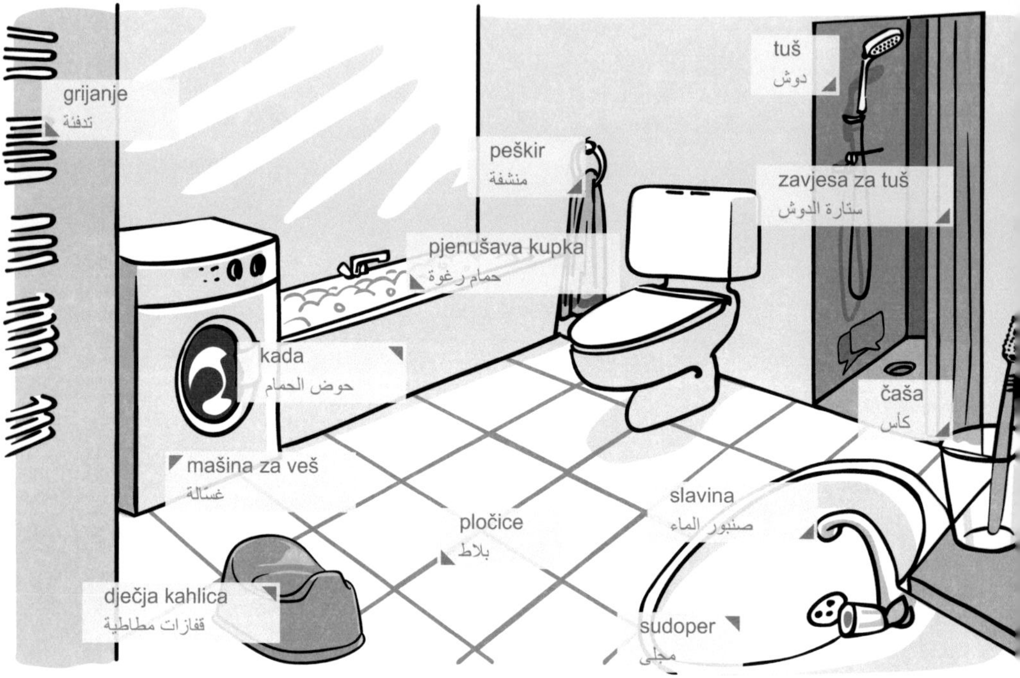

grijanje
تدفئة
peškir
منشفة
tuš
دوش
zavjesa za tuš
ستارة الدوش
pjenušava kupka
حمام رغوة
kada
حوض الحمام
čaša
كأس
mašina za veš
غسّالة
slavina
صنبور الماء
pločice
بلاط
dječja kahlica
قفازات مطاطية
sudoper
مجلى

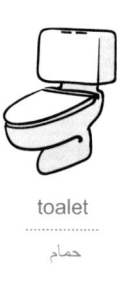

toalet

حمام

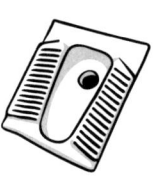

čučavac

مرحاض القرفصاء

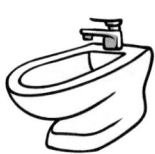

bide

حوض التشطيف

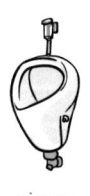

pisoar

مبولة

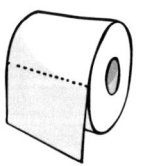

toalet papir

ورق المرحاض

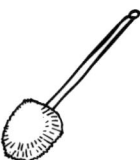

četka za wc

فرشاة الحمام

četkica za zube

فرشاة الأسنان

pasta za zube

معجون الأسنان

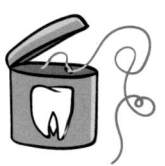

zubni konac

خيط حرير لتنظيف الأسنان

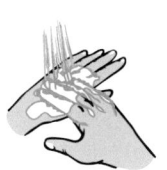

prati

يغسل

tuš

رشاش ماء يدوي

intimni tuš

شطاف

lavor

حوض الغسيل

četka za leđa

فرشاة الظهر

sapun

صابون

gel za tuširanje

جيل الدوش

šampon

شامبو

krpe za pranje

ممسحة

odvod

مصرف للماء

krema

مرهم

dezodorans

مزيل الروائح

ogledalo

مرآة

ogledalo za šminkanje

مرآة يد

brijač

موس حلاقة

pjena za brijanje

رغوة الحلاقة

vodica poslije brijanja

كولونيا

češalj

مشط

četka

فرشاة

fen

سشوار

sprej za kosu

مثبت للشعر

puder

ماكياج

karmin

روج

lak za nokte

طلاء أظافر

vata

قطن

makazice za nokte

مقص أظافر

parfem

عطر

kozmetička torbica

سلة الغسيل

hoklica

مقعد صغير

vaga

ميزان

kupaći ogrtač

معطف الحمام

rukavice za čišćenje

قفازات مطاطية

tampon

سدادة قطنية

uložak za dame

منشفة صحية

hemijski toalet

تواليت كيميائية

dječija soba
غرفة الأطفال

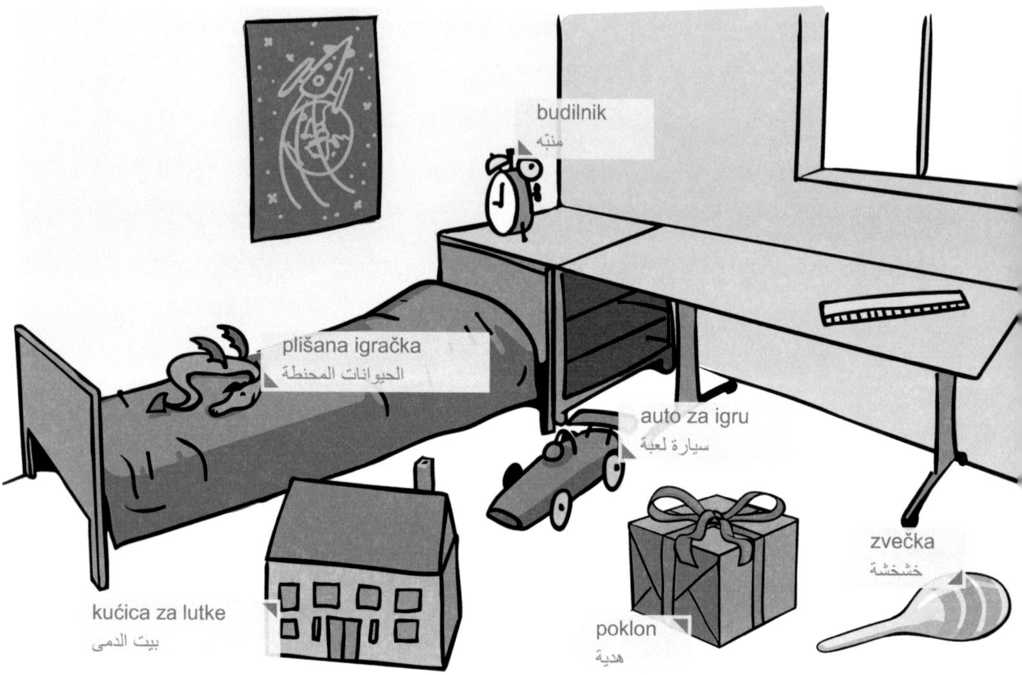
budilnik
منبّه
plišana igračka
الحيوانات المحنطة
auto za igru
سيارة لعبة
zvečka
خشخشة
kućica za lutke
بيت الدمى
poklon
هدية

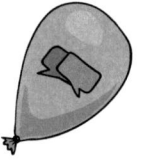

balon
بالون

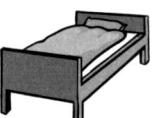

krevet
سرير

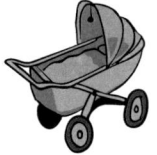

kolica za djecu
عربة الأطفال

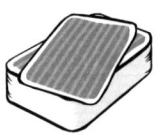

karte za igranje
لعبة الورق

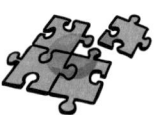

puzle
أحجية

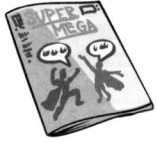

strip
رسوم هزلية

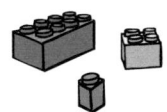

lego kockice

أحجار الليغو

kockice za gradnju

حجارة تركيب

akcione figure

دمية بطل

benkica

لباس الطفل

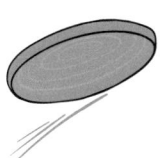

frizbi

فريسبي

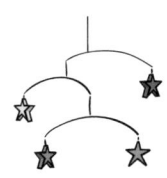

mobile

دمية معلّقة

igra na ploči

لعبة الطاولة

kocka

لعبة النرد

miniatura željeznice

لعبة قطار

cucla

مصّاصة

zabava

حفلة

slikovnica

كتاب مصوّر

lopta

كرة

lutka

دمية

igrati

يلعب

pješćanik

ملعب رملي للأطفال

ljuljačka

أرجوحة

igračke

لعبة

konzola za igru

ألعاب فيديو

triciklo

دراجة ثلاثية

medvjedić

دمية على شكل الدب

ormar

خزانة الثياب

odjeća

ثياب

kratke čarape

جوارب قصيرة

čarape

جوارب طويلة

hulahopke

جورب بنطلون

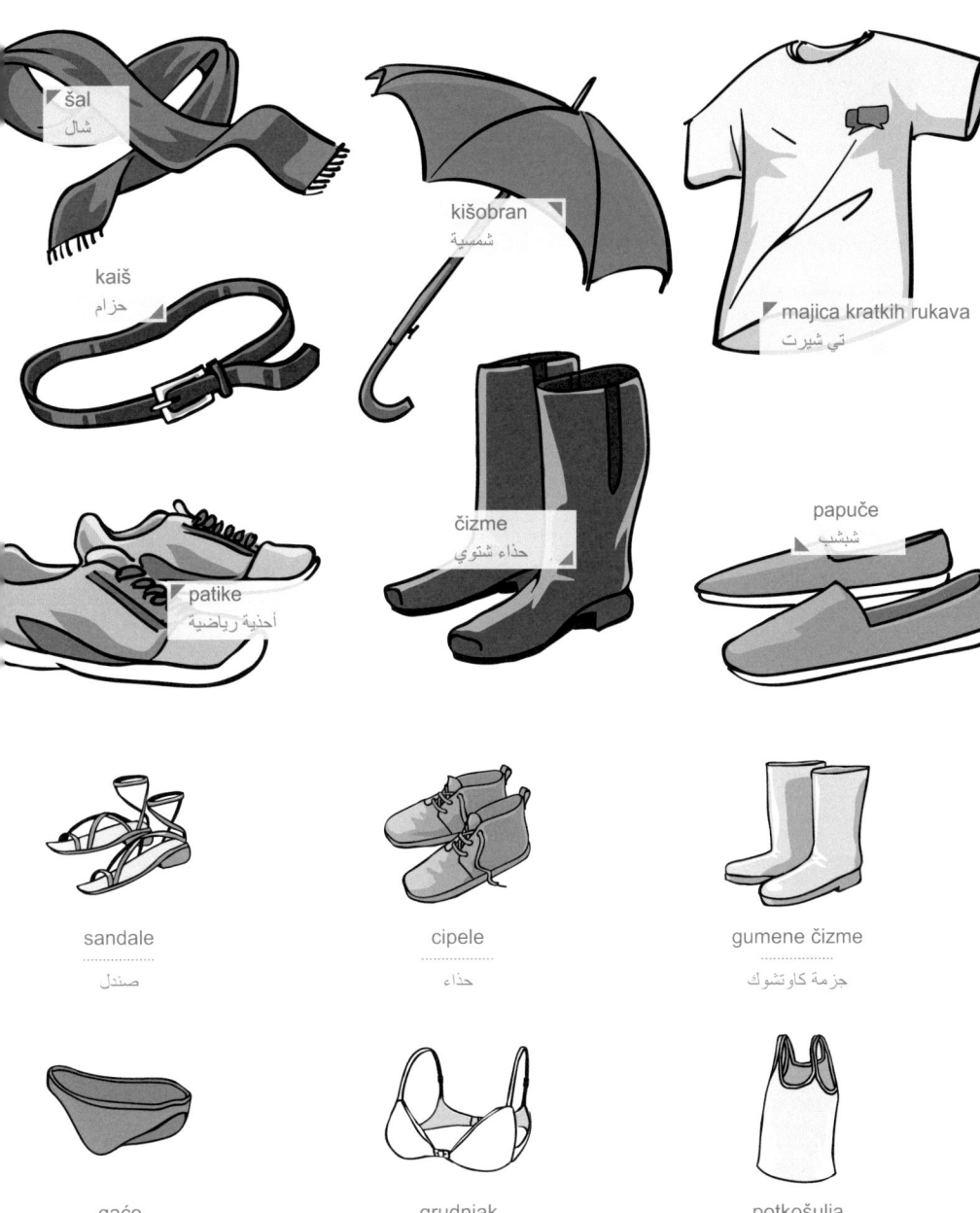

šal
شال

kišobran
شمسية

majica kratkih rukava
تي شيرت

kaiš
حزام

čizme
حذاء شتوي

papuče
شبشب

patike
أحذية رياضية

sandale
········
صندل

cipele
········
حذاء

gumene čizme
········
جزمة كاوتشوك

gaće
········
سروال داخلي

grudnjak
········
صدّارة

potkošulja
········
قميص داخلي

bodi

لباس ملاصق للجسم

hlače

بنطلون

farmerke

جينز

suknja

تنورة

bluza

بلوزة

košulja

قميص

džemper

سترة قطنية

majica

كنزة كم طويل

sako

سترة فضفاضة

jakna

سترة

mantil

معطف

kišni mantil

معطف مطري

kostim

زي - طقم نسائي

haljina

ثوب

vjenčanica

ثوب الزفاف

odijelo

طقم

spavaćica

قميص نوم

pidžama

بيجاما

sari

ساري

marama

حجاب

turban

عمامة

burka

برقع

kaftan

قفطان

abaja

عباءة

kupaći kostim

مايوه

kupaće gaće

سروال سباحة

kratke hlače

شرت

trenerka

بدلة رياضية

pregača

مئزر

rukavice

قفازات

dugme

زر

naočare

نظّارة

narukvica

إسوارة

ogrlica

عقد

prsten

خاتم

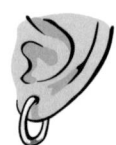

naušnica

قرط

kapa

طاقيّة

vješalica

علاقة ثياب

šešir

قبّعة

kravata

ربطة العنق

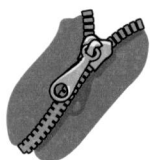

patentni zatvarač

سحّاب

kaciga

خوذة

tregeri za hlače

حمّالة البنطلون

školska uniforma

اللباس المدرسي

uniforma

زي موحّد

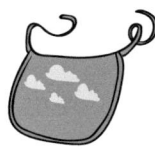

podbradak

مريلة الأطفال

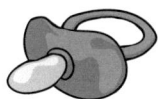

cucla

مصّاصة

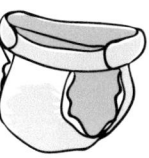

pelene

لفافة

ured
مكتب

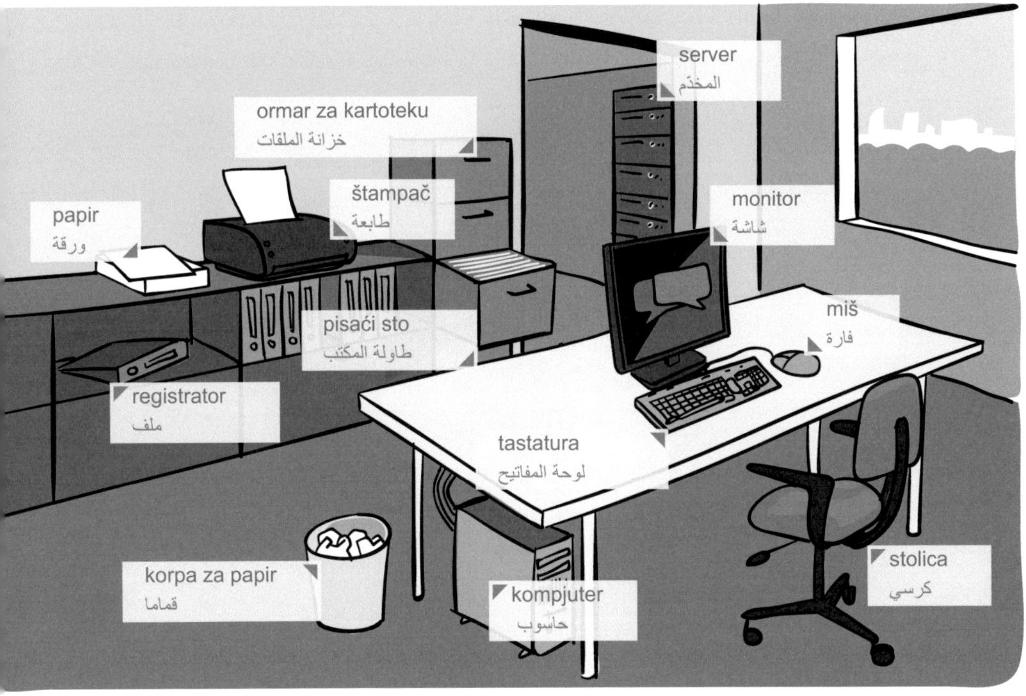

server
المخدّم
ormar za kartoteku
خزانة الملفّات
štampač
طابعة
papir
ورقة
monitor
شاشة
miš
فارة
pisaći sto
طاولة المكتب
registrator
ملف
tastatura
لوحة المفاتيح
korpa za papir
قماما
kompjuter
حاسوب
stolica
كرسي

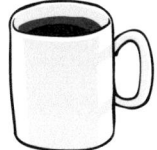

šolja za kafu

كأس من القهوة

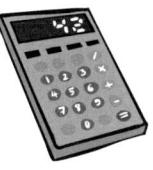

kalkulator

الآلة الحاسبة

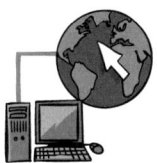

internet

الإنترنت

laptop

الحاسوب المحمول

pismo

رسالة

poruka

خبر

mobilni telefon

الهاتف المحمول

mreža

شبكة

aparat za kopiranje

جهاز تصوير

softver

البرمجيات

telefon

هاتف

utičnica

مقبس كهربائي

faks

فاكس

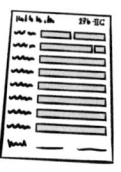

formular

استمارة

dokument

وثيقة

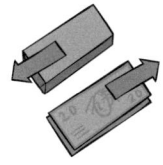

kupovati

يشتري

platiti

يدفع

trgovati

يتاجر

novac

مال

dolar

دولار

euro

يورو

jen

ين

rublja

روبل

franak

فرنك سويسري

renminbi jen

يوان

rupi

روبية

bankomat

صرّاف آلي

mjenjačnica

مكتب صرافة

zlato

ذهب

srebro

فضة

nafta

نفط

energija

طاقة

cijena

سعر

ugovor

عقد

porez

ضريبة

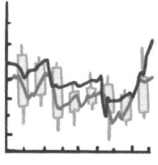

akcija

سهم

službenik

موظف

poslodavac

رب العمل

raditi

يعمل

fabrika

مصنع

radnja

متجر

zanimanja
المِهَن

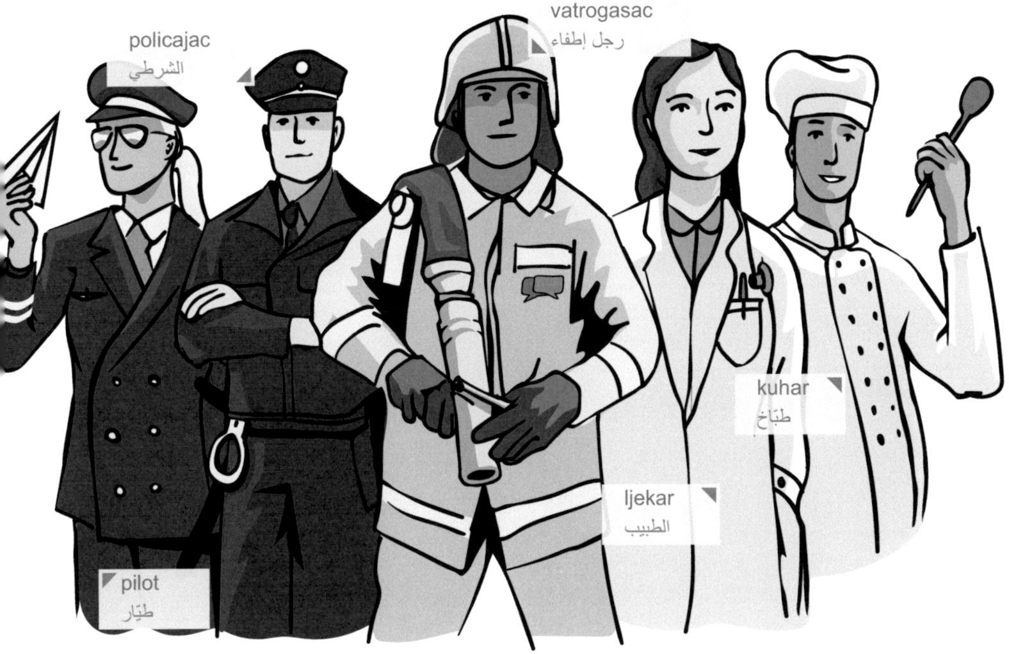

vatrogasac
رجل إطفاء
policajac
الشرطي
ljekar
الطبيب
kuhar
طبّاخ
pilot
طيّار

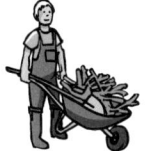

baštovan

بستاني

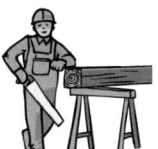

stolar

نجّار

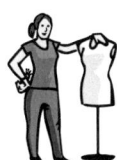

krojačica

خيّاطة

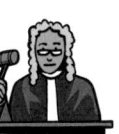

sudija

قاض

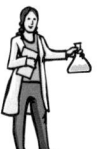

hemičar

كيميائي

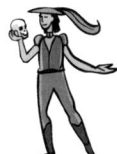

glumac

ممثّل

vozač autobusa

سائق حافلة

vozač taksija

سائق تاكسي

ribar

صياد سمك

čistačica

أجيرة للتنظيف

krovopokrivač

بنّاء سقف

konobar

نادل

lovac

صيّاد

moler

رسّام

pekar

خبّاز

električar

كهربائي

građevinski radnik

عامل بناء

inženjer

مهندس

koljač

لحّام

limar, vodoinstalater

سمكري

poštar

ساعي البريد

vojnik

جندي

arhitekta

مهندس معماري

blagajnik

أمين صندوق

cvjećar

بائع الزهور

frizer

حلاق

kontrolor

مراقب القطار

mehaničar

ميكانيكي

kapiten

قبطان

zubar

طبيب أسنان

naučnik

رجل العلم

rabin

حاخام

imam

إمام

monah

راهب

sveštenik

كاهن

alat

عدة عمل

čekić
مطرقة
kliješta
كمّاشة
izvijač
مفك البراغي
vijčani ključ
مفتاح ربط
džepna lampa
مصباح يد

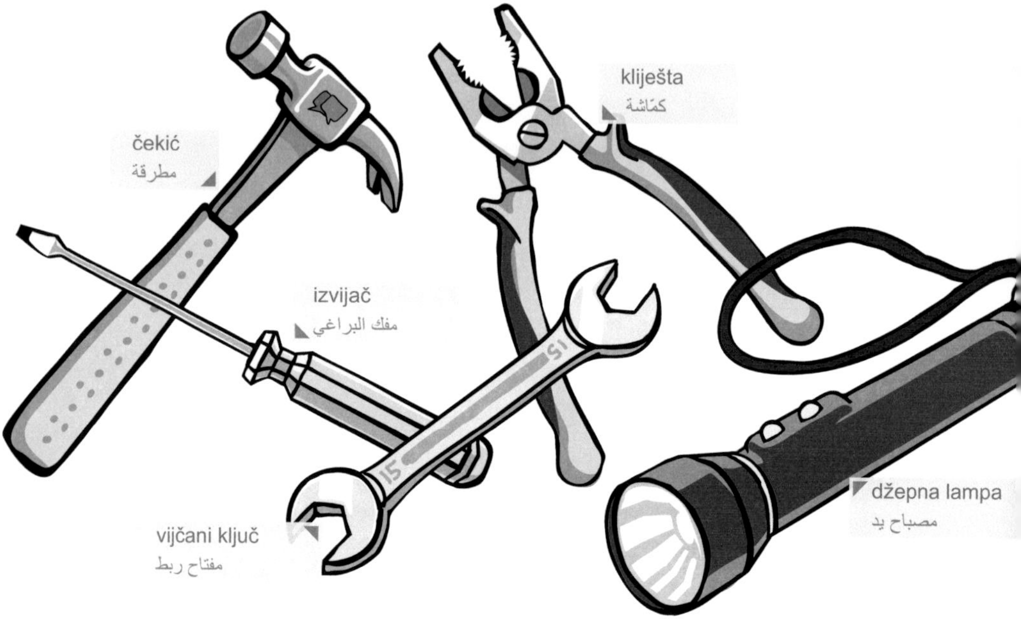

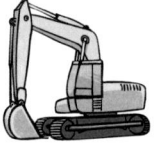

bager

جرافة

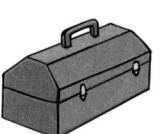

kutija sa alatom

صندوق العدة

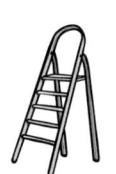

ljestve

سلّم

testera, pila

منشار

ekser

مسامير

bušilica

مثقب

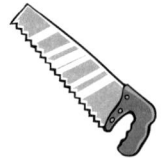

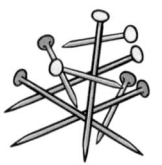

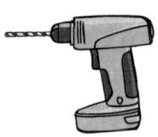

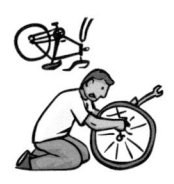

popraviti

يصلح

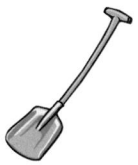

lopata

مجرفة

sranje!

اللعنة

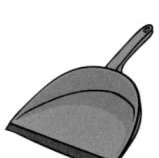

lopatica

لقاطة الكناسة

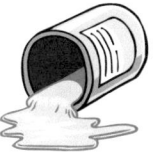

kanta boje

سطل الألوان

vijak

براغي

muzički instrumenti

آلات موسيقية

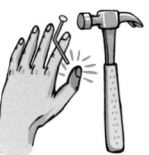

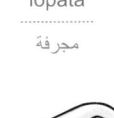

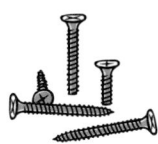

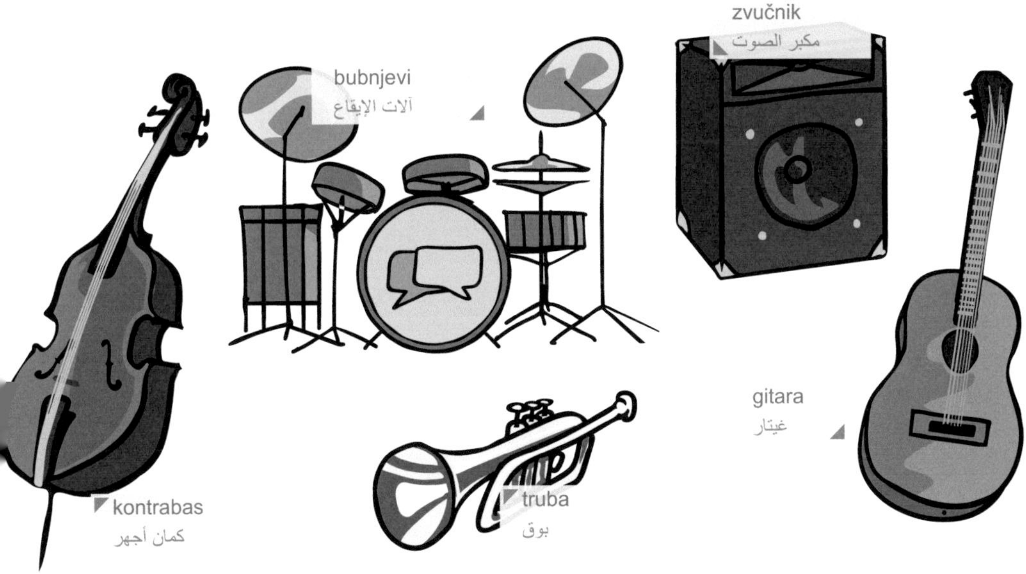
zvučnik
مكبر الصوت
bubnjevi
آلات الإيقاع
gitara
غيتار
kontrabas
كمان أجهر
truba
بوق

klavir

بيانو

violina

كمنجة

bas

جهير

bubanj timpani

طبل كبير

bubanj

طبل

sintisajzer

بيانو كهرباني

saksofon

ساكسوفون

flauta

ناي

mikrofon

ميكروفون

zološki vrt

حديقة حيوانات

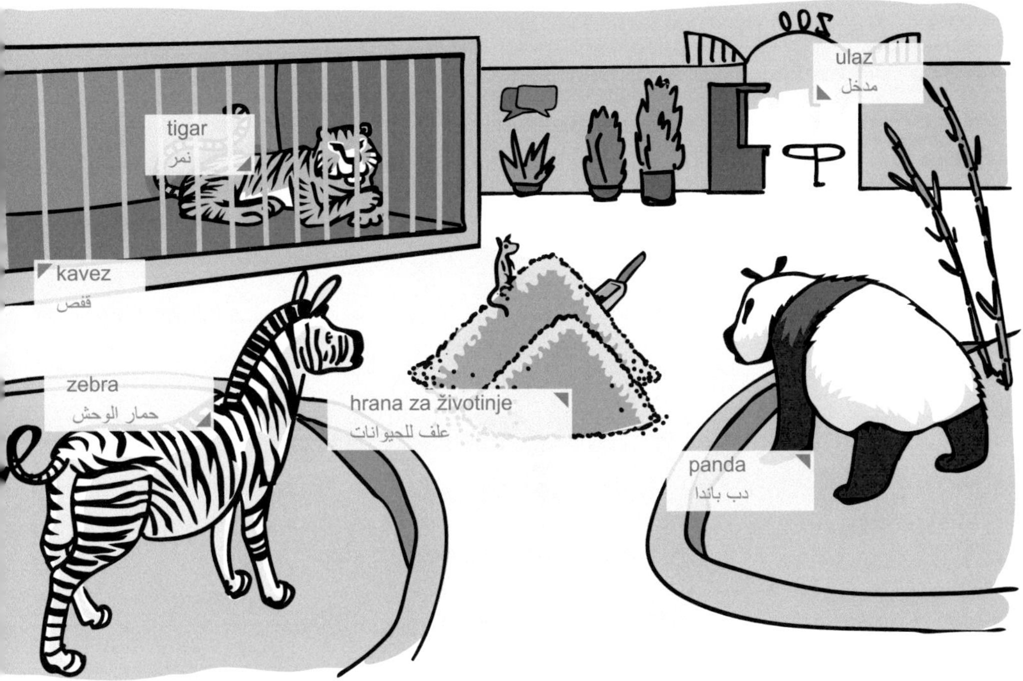
ulaz
مدخل
tigar
نمر
kavez
قفص
zebra
حمار الوحش
hrana za životinje
علف للحيوانات
panda
دب باندا

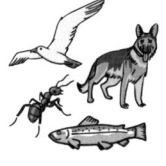

životinje

حيوانات

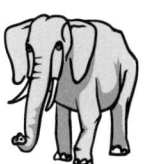

slon

فيل

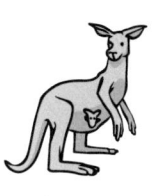

kengur

كنغر

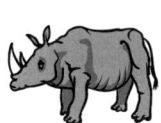

nosorog

وحيد القرن

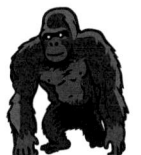

gorila

غوريلا

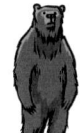

medvjed

دب

kamila

جمل

noj

نعامة

lav

أسد

majmun

قرد

flamingo

طائر فلامينغو

papagaj

ببغاء

polarni medvjed

دب قطبي

pingvin

بطريق

morski pas

سمك القرش

paun

طاووس

zmija

أفعى

krokodil

تمساح

čuvar u zološkom vrtu

حارس في حديقة الحيوان

tuljan

عجل البحر

jaguar

نمر أمريكي مرقط

poni

فرس قزم

leopard

نمر

nilski konj

فرس النهر

žirafa

زرافة

orao

نسر

divlja svinja

خنزير بري

riba

سمك

kornjača

سلحفاة

morž

حيوان فظ البحري

lisica

ثعلب

gazela

غزال

americki fudbal
كرة القدم الأمريكية

vožnja bicikla
ركوب الدراجات

tenis
كرة التنس

košarka
كرة السلة

plivanje
السباحة

hokej na ledu
هوكي الجليد

boks
الملاكمة

fudbal
كرة القدم

bedminton
الريشة الطائرة

laka atletika
ألعاب القوى الخفيفة

rukomet
كرة اليد

skijanje
التزلج على الثلج

polo
بولو

skakati
يقفز

zagrliti
يعانق

smijati se
يضحك

ići
يمشي

pjevati
يغنّي

moliti
يصلّي

ljubiti
يقبّل

sanjati
يحلم

pisati	crtati	pokazati
يكتب	يرسم	يُري

gurati	dati	uzeti
يدفع	يعطى	يأخذ

imati

يملك

raditi

يعمل

biti

يوجد

stajati

يقف

trčati

يركض

vući

يسحب

baciti

يرمي

pasti

يقع

ležati

يستلقي

čekati

ينتظر

nositi

يحمل

sjediti

يجلس

obući

يلبس

spavati

ينام

probuditi

يستيقظ

pogledati

ينظر إلى ..

plakati

يبكي

milovati

يمسّد

češljati

يمشّط

govoriti

يتكلم

razumjeti

يفهم

pitati

يسأل

slušati

يسمع

piti

يشرب

jesti

يأكل

pospremiti

يرتب

voljeti

يحب

kuhati

يطبخ

voziti

يقود

letjeti

يطيّر

jedriti

يبحر بزورق شراعي

računati

يحسب

čitati

يقرأ

učiti

يتَعلم

raditi

يعمل

vjenčavti

يتَزوج

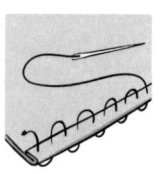

šiti

يخيط

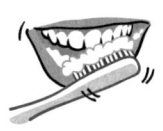

prati zube

ينظف أسنانه

ubiti

يقتل

pušiti

يِدخّن

slati

يرسل

porodica

عائلة

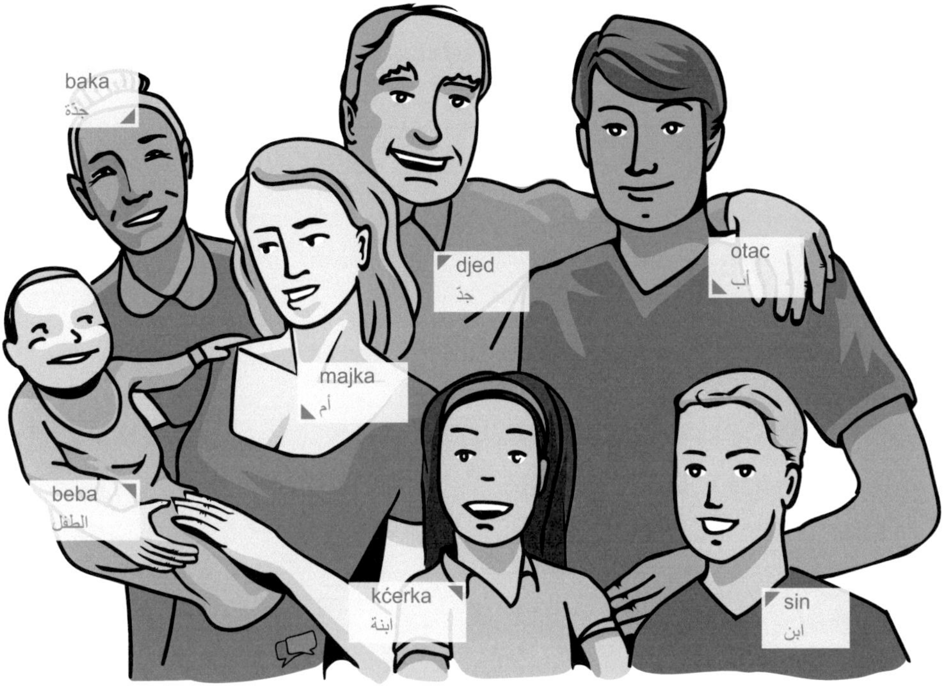

baka
جدّة
djed
جدّ
otac
أب
majka
أم
beba
الطفل
kćerka
ابنة
sin
ابن

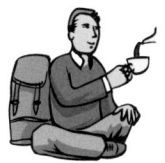

gost

ضيف

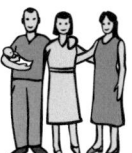

ujna, tetka, strina

عمّة / خالة

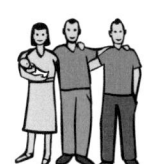

ujak, tetak, stric

عمّ / خال

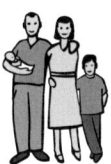

brat

أخ

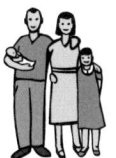

sestra

أخت

tijelo

الجسم

čelo
الجبين
oko
العين
leđa
الكتف
prst
الإصبع
lice
الوجه
brada
الذقن
ruka, šaka
اليد
grudi
الصدر
noga
الساق
ruka
الذراع

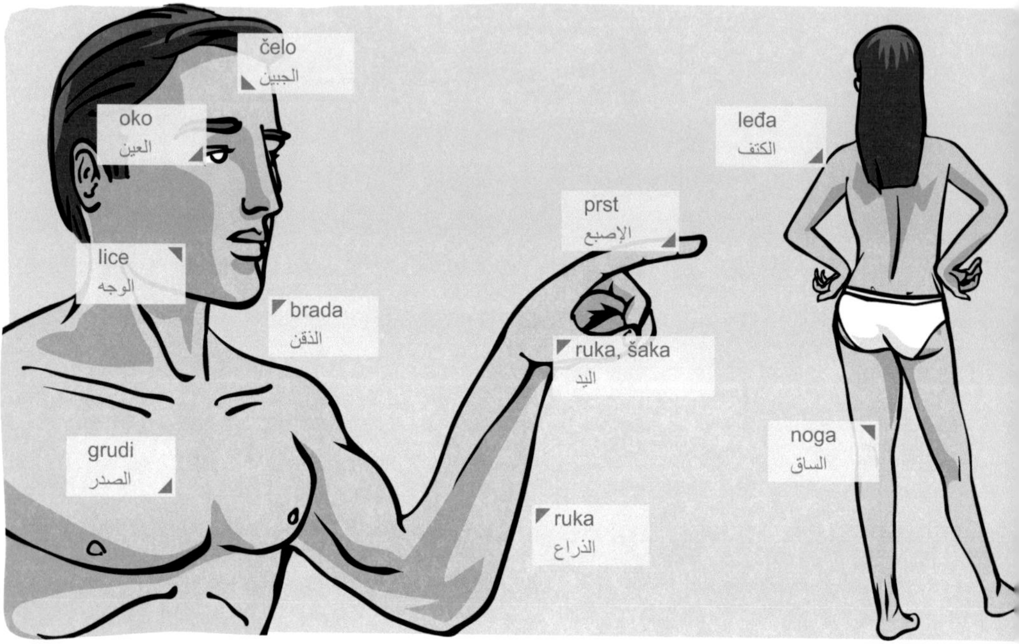

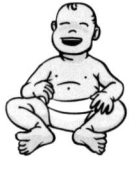

beba

الطفل

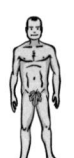

muškarac

الرجل

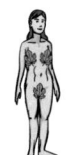

žena

المرأة

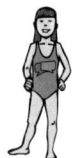

djevojčica

البنت

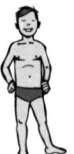

dječak

الولد

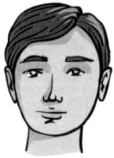

glava

الرأس

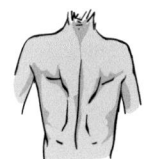

leđa

الظهر

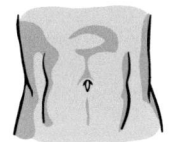

stomak

البطن

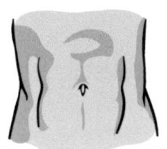

pupak

السرّة

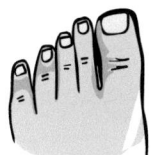

nožni prst

إصبع القدم

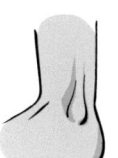

peta

الكعب

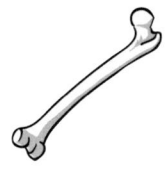

kosti

العظم

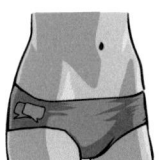

kuk

الورك

koljeno

الركبة

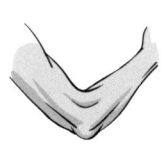

lakat

المرفق

nos

الأنف

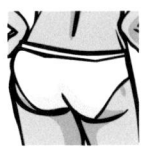

stražnjica

العَجُز

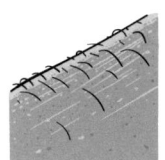

koža

البشرة

obraz

الخد

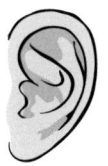

uho

الأذن

usna

الشفة

usta

الفم

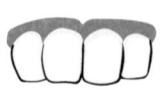

zub

السن

jezik

اللسان

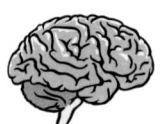

mozak

الدماغ

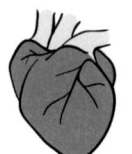

srce

القلب

mišić

العضلة

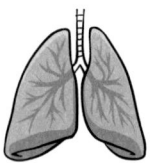

pluća

الرئة

jetra

الكبد

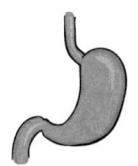

želudac

المعدة

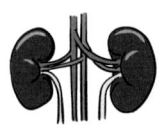

bubreg

الكلى

spolni odnos

الاتصال الجنسي

kondom

الواقي المطاطي

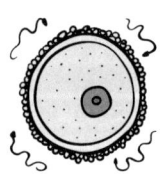

jajna ćelija

البويضة

sperma

المنيَ

trudnoća

الحمل

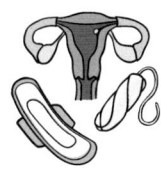

menstruacija

الحيض

vagina

المهبل

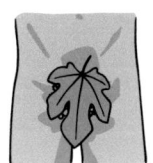

penis

القضيب

obrva

الحاجب

kosa

الشعر

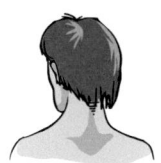

vrat

الرقبة

bolnica

المستشفى

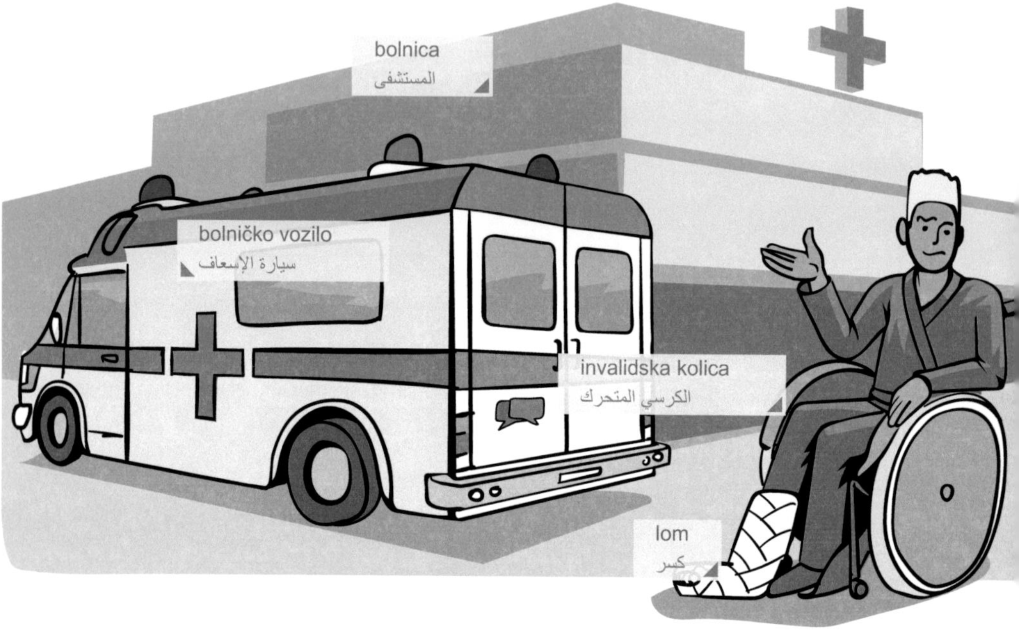

bolnica
المستشفى
bolničko vozilo
سيارة الإسعاف
invalidska kolica
الكرسي المتحرك
lom
كسر

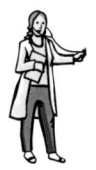

ljekar

الطبيب

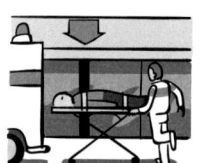

hitna služba

غرفة الإسعاف

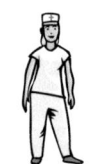

medicinska sestra

الممرضة

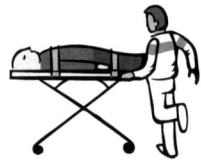

hitna pomoć

حالة

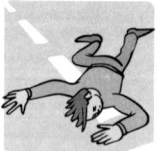

nesvjest

مغمى عليه

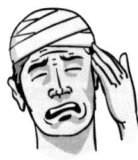

bol

الألم

povreda

إصابة

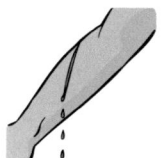

krvarenje

النزيف

srčani udar, infarkt

احتشاء القلب

moždani udar

جلطة

alergija

حسسية

kašalj

السعال

groznica

الحُمَّى

gripa

إنفلونزا

proljev

الإسهال

glavobolja

وجع الرأس

rak

السرطان

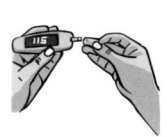

dijabetes

مرض السكر

hirurg

جرّاح

skalpel

مبضع

operacija

عملية

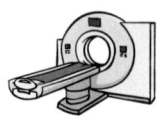

CT

سيتي سكان

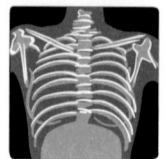

rendgen

الأشعة السينية

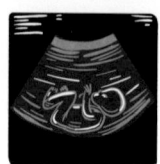

ultrazvuk

فوق الصوتي

maska

القناع

bolest

المرض

čekaonica

غرفة الانتظار

štake

العُكاز

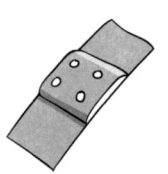

flaster

شريط لاصق

zavoj

ضماد

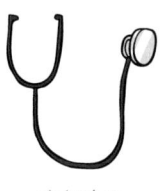

injekcija

حقنة

stetoskop

سمّاعة الطبيب

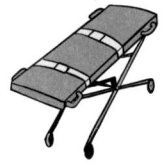

nosilo

نقالة

termometar

ميزان حرارة

porod

ولادة

prekomjerna težina, debljina

وزن زائد

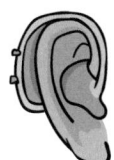

slušni aparat

جهاز السمع

sredstvo za dezinfekciju

المواد المعقمة

infekcija

عدوى

virus

فيروس

HIV/ AIDS

الإيدز

medicina

الطب

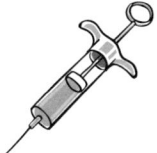

vakcinacija

اللقاح

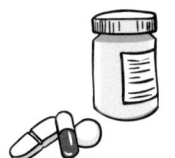

tablete

أقراص الدواء

pilula

حبّة الدواء

hitni poziv

نداء النجدة

aparat za mjerenje pritiska

مقياس ضغط الدم

bolestan / zdrav

مريض / صحيح

Upomoć!

النجدة!

alarm

إنذار

napad, prepad

اعتداء

napad

هجوم

opasnost

خطر

izlaz u slučaju opasnosti

مخرج طوارئ

Požar!

حريق!

vatrogasni aparat

جهاز الإطفاء

nezgoda

حادث

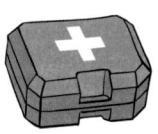

torba prve pomoći

حقيبة الإسعاف الأولي

SOS

أنقذونا

policija

الشرطة

Europa

أوروبا

Sjeverna Amerika

أمريكا الشمالية

Južna Amerika

أمريكا الجنوبية

Afrika

أفريقيا

Azija

آسيا

Australija

أستراليا

Atlantik

المحيط الأطلسي

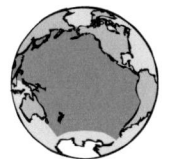

Pacifik

المحيط الهادي

Indijski okean

المحيط الهندي

Antarktički okean

المحيط المتجمد الجنوبي

Arktički okean

المحيط المتجمد الشمالي

Sjeverni pol

القطب الشمالي

Južni pol

القطب الجنوبي

Antarktik

منطقة القطب الجنوبي

Zemlja

أرض

zemlja

بر

more

بحر

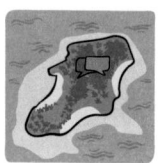

ostrvo

جزيرة

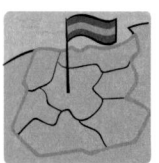

nacija

أمة

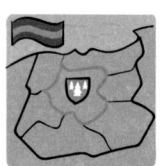

država

دولة

brojčanik sata

ميناء الساعة

kazaljka sata

عقرب الساعات

kazaljka minute

عقرب الدقائق

kazaljka sekunde

عقرب الثواني

Koliko je sati?

كم الساعة الآن؟

dan

يوم

vrijeme

زمن

sada

الآن

digitalni sat

ساعة رقمية

minuta

دقيقة

sat

ساعة

ponedjeljak
الإثنين

srijeda
الأربعاء

petak
الجمعة

utorak
الثلاثاء

subota
السبت

četvrtak
الخميس

nedjelja
الأحد

juče
الأمس

danas
اليوم

sutra
غداً

jutro
الصباح

podne
الظهر

veče
المساء

radni dani
أيام العمل

vikend
نهاية الأسبوع

kiša
مطر

duga
قوس قزح

snijeg
ثلج

vjetar
ريح

proljeće
الربيع

jesen
الخريف

ljeto
الصيف

zima
الشتاء

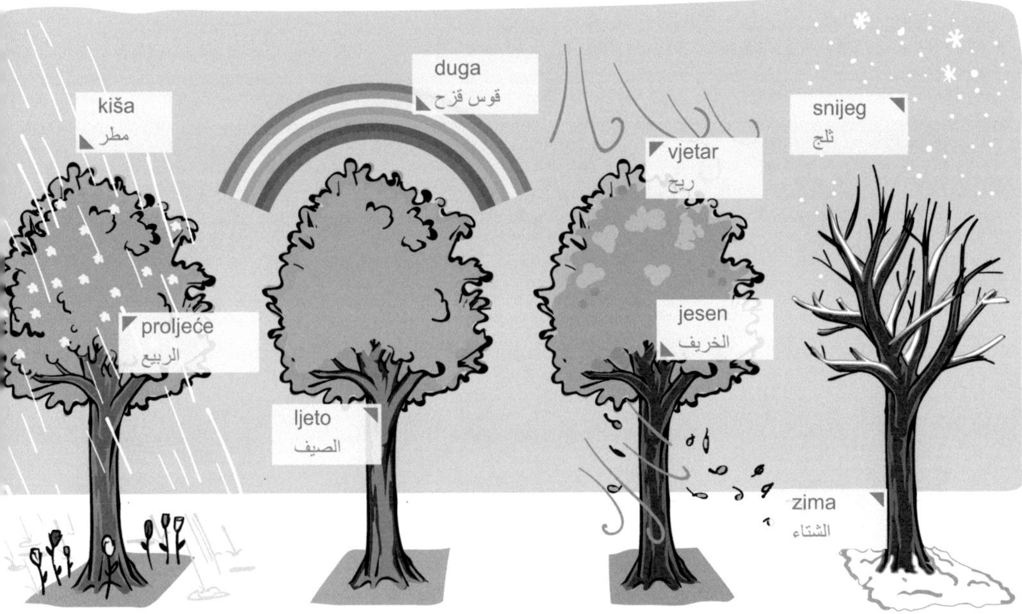

prognoza vremena

التنبّؤ بالحالة الجوية

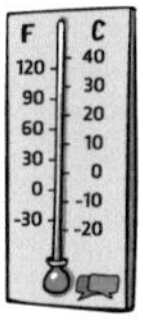

termometar

مقياس حرارة

sunčev sjaj

ضوء الشمس

oblak

سحابة

magla

ضباب

vlažnost vazduha

رطوبة الجو

munja

برق

grom

رعد

oluja

عاصفة

tuča, led

برد

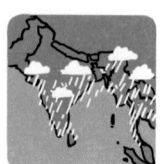

monsun

ريح موسمية

poplava

طوفان

led

جليد

januar

كانون الثاني / يناير

februar

شباط / فبراير

mart

آذار / مارس

april

نيسان / أبريل

maj

أيار / مايو

juni

حزيران / يونيو

juli

تموز / يوليو

avgust

آب / أغسطس

septembar

أيلول / سبتمبر

oktobar

تشرين الأول / أكتوبر

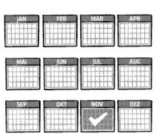

novembar

تشرين الثاني / نوفمبر

decembar

كانون الأول / ديسمبر

oblici

أشكال

krug

دائرة

kvadrat

مربع

pravougao

مستطيل

trougao

مثلث

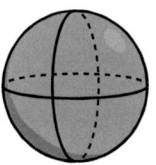

kugla

كرة

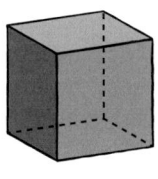

kocka

مكعب

bjel

أبيض

žut

أصفر

narandžast

برتقالي

pink

وردي

crven

أحمر

ljubičast

بنفسجي

plav

أزرق

zelen

أخضر

smeđ

بُني

siv

رمادي

crn

أسود

malo / mnogo

كثير / قليل

ljutit / miran

غضبان / هادئ

lijep / ružan

جميل / قبيح

početak / kraj

بداية / نهاية

veliki / mali

كبير / صغير

svijetlo / tamno

فاتح / قاتم

brat / sestra

أخ / أخت

čist / prljav

نظيف / وسخ

potpun / nepotpun

كامل / ناقص

dan / noć

نهار / ليل

mrtav / živ

ميت / حيّ

široko / usko

عريض / ضيّق

ukusno / neukusno

صالح للأكل / غير صالح

zao / prijatan

شرّير / لطيف

uzbuđen / dosadan

مثير / ممل

debeo / mršav

سمين / نحيف

najprije / najkasnije

أولا / أخيرا

prijatelj / neprijatelj

صديق / عدو

pun / prazan

مليء / فارغ

trvd / mekan

صلب / ليّن

težak / lagan

ثقيل / خفيف

glad / žeđ

جوع / عطش

bolestan / zdrav

مريض / صحيح

ilegalan / legalan

غير شرعي / شرعي

inteligentan / glup

ذكي / غبي

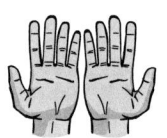

lijevo / desno

يسار / يمين

blizu / daleko

قريب / بعيد

nov / polovan

جديد / مستعمل

ništa / nešto

لا شيء / بعض الشيء

star / mlad

مسن / شاب

uključeno / isključeno

يشعل / يطفئ

otvoreno / zatvoreno

مفتوح / مغلق

tiho / glasno

خافت / عالٍ

bogat / siromašan

غني / فقير

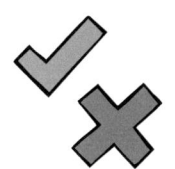

tačno / pogrešno

صح / خطأ

hrapav / glatak

أحرش / املس

tužan / srećan

حزين / سعيد

kratak / dug

قصير / طويل

spor / brz

بطيء / سريع

mokro / suho

مبلول / جاف

toplo / hladno

ساخن / بارد

rat / mir

حرب / سلم

0

nula

صفر

1

jedan

واحد

2

dva

اثنان

3

tri

ثلاثة

4

četiri

أربعة

5

pet

خمسة

6

šest

ستة

7

sedam

سبعة

8

osam

ثمانية

9

devet

تسعة

10

deset

عشرة

11

jedanaest

أحد عشر

12
dvanaest

اثنا عشر

13
trinaest

ثلاثة عشر

14
četrnaest

أربعة عشر

15
petnaest

خمسة عشر

16
šesnaest

ستة عشر

17
sedamnaest

سبعة عشر

18
osamnaest

ثمانية عشر

19
devetnaest

تسعة عشر

20
dvadeset

عشرون

100
sto

مائة

1.000
hiljada

ألف

1.000.000
milion

مليون

engleski

الإنكليزية

američki engleski

الإنكليزية الأمريكية

kinesko mandarinski

لغة ماندارين الصينية

hindi

الهندية

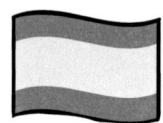

španski

الإسبانية

francuski

الفرنسية

arapski

العربية

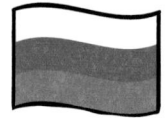

ruski

الروسية

portugalski

البرتغالية

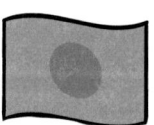

bengalski

البنغالية

njemački

الألمانية

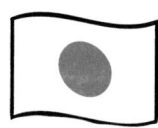

japanski

اليابانية

ja

أنا

ti

أنتَ

on / ona / ono

هو / هي

mi

نحن

vi

أنتم

oni

هم

ko?

من؟

šta?

ماذا؟

kako?

كيف؟

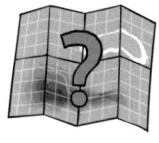

gdje?

أين؟

kada?

متى؟

ime

اسم

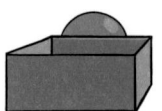

iza

خلف

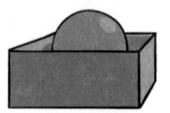

u

في

pred

أمام

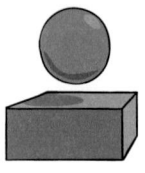

iznad

فوق

na

على

ispod

تحت

pored

جنب

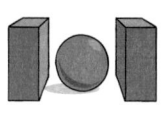

između

بين

mjesto

مكان